ESF 성경공부 시리즈

만왕의 왕
예수 그리스도

상

· · · · 유대인의 왕으로 나신 이가 어디 계시냐 · · ·

기독대학인회(ESF: Evangelical Student Fellowship)는
사도행전 1장 8절에서 선포되고 있는 예수님의 지상명령에 근거하여 캠퍼스복음화를 통한
통일성서한국, 세계선교를 주요목표로 삼고 있는 초교파적 선교단체입니다.

ESP는
Evangelical Student Fellowship Press의 약어로 기독대학인회(ESF)의 출판부입니다.

ESF 성경공부 시리즈 마태복음 상
만왕의 왕 예수그리스도

2010년 2월 24일 초판 1쇄 발행
2014년 2월 24일 재판 1쇄 발행
지은이 기독대학인회
만든이 유정훈, 조지선
표지디자인 장윤주

(사)기독대학인회 출판부(ESP)
서울시 강북구 솔샘로 67길 104 2층
Tel 02)989-3476~7 | Fax 02) 989-3385
esfpress@hanmail.net
등록 제 12-316호

만왕의 왕 예수 그리스도

마태복음 **상**

CONTENS▮

아무리 시대가 흐르고 사람들이 바뀌어도 변할 수 없는 것은 성경공부입니다. 성경으로 돌아가자는 구호는 옛 종교개혁 시대에만 외치는 소리가 아닙니다. 오늘날 최첨단 과학문명 시대를 살아가는 우리들에게도 들려져야 할 외침입니다. 이 시대는 점점 보는 것에 만족하고 생각하기를 싫어하는 양상을 보이고 있습니다. 특히 성경공부하는 것보다도 감성적인 것에 치우친 경향을 보이고 있는 것이 현실입니다. 우리가 성경을 깊이 묵상하는 시간을 갖지 못하고 감성적인 것에 쫓아가면 구체적인 삶의 변화를 바랄 수 없게 됩니다.

이런 시대의 흐름 속에서도 ESF 소그룹 성경공부는 성경공부의 좋은 전통을 지키고 있습니다. 지난 30여 년 동안 수많은 청년 대학생, 지성인들이 성경공부의 매력을 경험하였고, 예수 그리스도의 복음을 영접하고 구원 얻는 역사가 있었습니다. 대학 강의실에서, 동아리방에서, 교회에서, 작은 다락방에서 성경공부하는 모습은 민족의 미래를 밝혀주는 횃불이었습니다.

ESF 소그룹 성경공부는 다섯 가지 특징이 있습니다.

첫째, 아주 즐겁고 재미있는 성경공부입니다. 소그룹에서 성경을 한 권 공부해 보면, 성경이 이렇게 재미있는 책인지 재발견하게 될 것입니다.
둘째, 오순도순 대화식 성경공부입니다. 아무리 초보자라도 쉽게 참여하여 배울 수 있습니다.
셋째, 체계적인 성경공부입니다. 성경을 체계적이고, 종합적으로 이해하게 하는 성경공부입니다.
넷째, 믿음과 삶의 구체적인 적용을 배우는 성경공부입니다.
다섯째, 소그룹 리더를 길러주는 성경공부입니다. 소그룹에서 성경공부를 하면, 대부분 소그룹 성경공부의 리더가 될 수 있습니다.

이번에 새롭게 시작하는 사복음서 문제집 시리즈는 20~24회에 한 과목을 마칠 수 있도록 발간할 예정입니다. 각 복음서의 특성을 고려하여 꼭 필요한 본문들을 중심으로 재미있는 성경공부를 할 수 있도록 편성될 것입니다.

그리고 본 문제집 내용은 **말씀의 자리, 삶의 자리, 말씀의 자리**[+]로 구성되어 있습니다.

말씀의 자리는 본문 살피기와 생각하기 문제로 구성되어 있습니다. 성경 본문을 깊이 있게 관찰하며 해석하는 자리입니다.

삶의 자리는 말씀의 자리를 토대로 우리의 삶에 구체적으로 적용하는 문제로 구성되어 있습니다. 본문에서 파악되고 느낀 말씀의 은혜와 원리들을 각자 삶의 자리에 적용시키는 자리입니다.

말씀의 자리[+]는 본문 말씀의 중요한 핵심 내용이나 본문 배경 등을 요약하여 설명하는 자리입니다.

계속하여 한국교회와 청년 대학생들 가운데 소그룹 성경공부가 활발하게 일어나서 예수님을 만나고 그 인생이 복되길 기도합니다.

2014.02.25
기독대학인회(ESF)

소그룹 성경 문제집 활용법

성경해석의 일반 원리를 알고 공부합시다

1) 성경해석은 성경으로 해야 합니다.

성경의 가장 정확한 해석은 성경 자체입니다. 구약과 신약을 서로 연결시켜 공부할 때 바르게 이해할 수 있습니다. 덜 밝은 부분은 더 밝은 부분에 비추어 해석해야 합니다. 상징, 비유, 애매한 부분은 병행 구절의 밝은 부분에서 그 뜻을 찾아야 됩니다.

2) 전체를 바라보는 눈으로 종합적으로 해석해야 합니다.

전체를 바라보지 못하고 한 부분에만 집착할 때 오류를 범하게 됩니다. 그러므로 성경핵심을 파악하고 전체적으로 바라보며 부분을 해석해야 됩니다. 성경 전체의 핵심은 하나님의 아들, 예수 그리스도를 통한 인류 구속입니다. 그러므로 성경에 나오는 사건들이 그리스도와 인류 구원에 어떻게 연결되는지 살펴보면서 해석해야 됩니다.

3) 그 당시 시대 배경을 이해해야 합니다.

성경은 그 당시 사람들에 의해 기록되었으므로 당대의 지리, 역사, 풍습, 생활습관, 주변 상황 등을 파악하고 해석해야 됩니다.

4) 언어의 법칙과 문맥의 흐름을 중요시해야 합니다.

성경은 사람의 언어로 기록되었으므로 어휘, 문법의 이해가 중요하고 반드시 문맥의 흐름 속에서 해석해야 합니다. 따라서 일차적으로는 문자적인 해석을 한 다음 영적인 뜻을 찾아야 합니다.

5) 저자의 의도를 파악해야 합니다.

하나님께서 성경 저자의 성격, 교육정도, 개성 등을 유기적으로 쓰셔서 성경을 기록하도록 하셨으므로 저자가 어떤 의도로 무슨 주제를 전개하는지 살펴보고 특별한 관점과 강조점이 무엇인지 알 때 매우 유익하고 즐거운 성경 공부가 됩니다.

6) 오늘날 나에게 어떻게 적용되는지 살피며 해석해야 합니다.

성경은 비록 과거에 쓰여졌지만 하나님께서는 그 기록된 말씀을 통하여 각 시대 모든 사람에게 말씀하고 계시므로 성경에 기록된 메시지가 당대 독자들에게 어떻게 들려졌는지를 살피면서 지금 나에게 어떻게 적용되는지를 살펴야 됩니다. 지금 나에게 말씀하시는 그 음성을 성령님의 도우심으로 듣게 될 때 말할 수 없는 큰 은혜를 체험하게 됩니다.

우리가 전자제품의 사용방법을 알고 사용하면
유익하고 편리한 것처럼 소그룹 성경공부 문제집도
활용방법을 알고 사용할 때 매우 유익하고 편리합니다.

소그룹 성경 공부의 원리를 알고 공부합시다

1) 성경공부 목적에 충실해야 합니다.

성경공부의 목적은 중생, 신앙성장, 영적교제입니다. 그러므로 신학 쟁론에 빠진다든지 사소한 일의 언쟁에 에너지를 소모하지 말고 하나님 말씀인 성경의 깊은 뜻을 깨닫고 하나님의 음성을 듣는 일에 힘써야 됩니다. 그래서 하나님을 인격적으로 만나 중생하고 회개와 믿음의 결단이 이루어지며 서로 배우고 격려하도록 힘써야 됩니다.

2) 기도에 힘써야 합니다.

성경이 성령의 감동으로 기록되었으므로 성령님의 도우심이 있어야 성경의 진리를 깨달을 수 있습니다. 성령님의 감화가 있는 성경공부가 되도록 기도에 힘써야겠습니다.

3) 즐겁게 배우는 분위기를 이뤄야 합니다.

혼자 공부할 때는 쉽게 지치나 여럿이 즐겁게 공부하면 신바람이 납니다. 그러므로 그룹 구성원들이 서로 즐겁게 배우는 분위기를 이루기에 협력해야 합니다. 반드시 정성껏 사전 준비공부를 하고 성경공부에 참여하는 것이 성공적인 그룹 성경공부의 필수요소입니다. 서로 앞을 다투어 연구하고 배우는 모임을 이루면 처음에는 어리고 연약한 모임도 나중에는 성숙하고 강한 모임으로 성장합니다.

4) 개인의 독무대를 만들지 말고 여럿이 공부하는 모임을 이루어야 합니다.

그룹공부의 어려운 점은 몇몇 수다쟁이, 익살꾼 등이 대화시간을 독차지해 버리는 것입니다. 이것은 미숙한 태도입니다. 듣기도 하고 묻기도 하며 성숙하게 배워가야 하겠습니다.

5) 분위기를 깨지 말고 적극 참여해야 합니다.

그룹공부의 정말 어려운 점은 구경꾼, 실쭉이, 인상파가 찬바람을 일으키기 때문입니다. 성숙한 인도자는 적절한 유머, 성경 읽도록 권유, 적당한 때 끌어들이기로 이 문제를 잘 해결하지만 너무 소극적인 태도로 나오면 몹시 힘이 드는 것이 사실입니다. 듣기도 할뿐더러 묻기도 하면서 적극적으로 참여하는 성경공부가 되어야 합니다.

6) 성숙한 그룹공부 참여자가 되어야 합니다.

성숙한 사람은 성경공부를 잘 준비해 오는 것은 물론 적극적으로 공부에 참여합니다. 진지한 탐구자의 자세, 예리한 분석과 종합, 실생활에 적절한 적용 등으로 성경공부 수준을 높여갑니다. 그룹 성경공부는 아름다운 영적 교제를 겸한 매우 좋은 성경 진리 탐구 방법입니다.

마태복음 (Matthew)

저자

마태복음의 저자는 12제자 중 한 사람이었던 마태에 의해 기록되었다고 전통적으로 인정되어 왔습니다. 초대 교회 역사가이면서 교부인 유세비우스가 인용한 파피아스의 글에 의하면 "마태가 예수의 말씀을 히브리말로 기록하였다."고 전해집니다. 또 유세비우스보다 1세기 이전 사람인 이레니우스는 "베드로와 바울이 로마에서 복음을 전파하며 교회의 기초를 세우고 있는 동안에 마태는 히브리인들 중에서 그들 자신들의 언어로 복음서를 발행했다."고 말했습니다. 그 외에도 클레멘트는 네 복음서 중 첫 번째의 것은 "한때 세리였다가 나중에 사도가 된 마태에 의해서 기록되었다."고 주장하였습니다.

시기와 장소

마태복음은 구약과 신약을 연결하는 교량적 계시를 담고 있는 책입니다. 유대인의 역사를 중점적으로 기록하던 구약은 마태복음에 와서 메시아 그리스도를 통해, 세계 만민을 주권적 통치 아래로 편입시키는 세계 열방의 하나님으로 부각시키고 있습니다. 마태복음은 신약의 첫 번째 책으로서, 옛 계약의 당사자인 이스라엘의 소멸과 새 계약의 당사자인 새 이스라엘(교회)의 창조과정을 그리고 있습니다. 그래서 마태복음은 구약의 요약이면서도 또 새이스라엘인 교회를 위한 표준적 복음서인 것입니다. 저자 자신이 유대인이었으나, 그는 이미 구약적 의식, 선민 사상 속에서 안주하는 낡은 이스라엘이 아니었습니다. 그는 유대인을 향하여, 세계 만민의 하나님을 가르쳤습니다. 따라서 마태복음 안에는 선민이었던 이스라엘의 완악성이 상대적으로 드러나고 이방인들의 믿음과 계시에 대한 개방성과 메시야 통치에 대한 복종과 대망이 부각되고 있습니다. 마태복음은 유대인들의 관심이었던 "예수는 과연 구약에 약속된 다윗의 자손인가?"(1장의 족보는 예수의 다윗 혈통을 증명함) "구약 율법에 대한 예수의 태도는 어떠했는가?"(5:17-율법의 완성자 메시아 예수 부각시킴) "그는 과연 구약에 약속된 한 나라, 즉 하나님 나라를 세우기 위해 왔는가?" 등등에 대해 집중적으로 응답하는 복음서입니다.

특히 마태복음은 초두부터 유대인들이 중시하는 다윗 혈통의 메시아 대망 사상에 능동적으로 응답하기 위하여, 예수의 긴 족보를 소개하고 있습니다. 결국 이 족보를 통해서 예수는 구약에 완성된 유대인의 왕이요, 구약에 예언된 메시아임을 선포하고 있습니다. 그래서 마태복음은 〈왕의 복음〉이라고 불리고 있습니다.

내용
구분

1. 1:1~4:11 왕의 오심과 사역의 준비

2. 4:12~18:35 왕의 갈릴리 사역

4:12~4:25	사역의 시작:허다한 무리와 예수
5:1~7:29	산상수훈:제자와 예수
8:1~9:34	9가지 이적들:다시 허다한 무리와 예수
9:35~12:50	제자의 선택과 파송, 제자도의 대가
13:1~52	천국 비유
13:53~16:12	천국의 사역과 인간의 두가지 반응:신앙과 불신앙
16:13~18:35	제자들의 신앙 고백과 수난 예고, 예루살렘 마지막 여행

3. 19:1~28:20 왕의 예루살렘 사역

19:1~20:34	예루살렘으로 가는 여정의 사역들
21:1~23:39	예루살렘 입성과 배척
24:1~25:46	마지막 날들과 최후 심판에 대한 예언들
26:1~27:10	예수의 수난과 제자들의 배반, 변절
27:11~66	예수의 못 박히심
28:1~26	예수의 부활: 제자 재성형과 파송과 예수 승천

그 이름을 예수라 하라

● 마태복음 1:18~2:12(1:21)

아들을 낳으리니 이름을 예수라 하라 이는 그가 자기 백성을 그들의 죄에서 구원할 자이심이라 하니라

우리 세대가 누리는 가장 큰 축복은 자유입니다. 하지만 이 자유는 우리 마음대로 할 수 있는 권리는 아닙니다. 만일 사람이 나의 욕구와 충동대로 산다면, 그 사람은 악마가 되며 이 세상은 지옥이 될 것입니다. 자유는 일정한 진리와 성숙한 내면의 인격에 따라 사용할 때 가치가 있습니다. 어떤 이가 자유를 사용하는 것을 보면 그의 내면을 지배하는 사상과 인격이 어떠한 지 엿볼 수 있습니다. 이것을 다른 말로 표현하면, '나에게는 나를 지배하는 왕이 계신다'라고 말할 수 있습니다.

본문에는 두 왕이 소개되고 있습니다. 한 왕은 자기의 권력을 과시하고 있고 또 다른 왕은 하나님이 세우신 왕입니다. 본문에 나타난 새로운 왕의 역할에 대해서 아직 언급되고 있지 않지만 그 왕에 대한 이해와 지식을 가진 사람들은 그를 왕으로 모시기 위해서 자신의 목숨을 거는 고난의 삶도 기꺼이 받아들이고 있습니다. 나에게는 어떤 왕이 계십니까? 오늘 공부를 통해서 밤하늘의 별빛처럼 다가오시는 하나님이 세우신 참된 왕을 만날 수 있기를 바랍니다.

1. 마리아의 예수 잉태는 어떻게 이루어졌습니까(18절, 눅 1:27~38)? 예수의 탄생은 당시 약혼한 사이였던 마리아와 요셉에게 어떤 심각한 갈등을 초래했습니까(18~19절)? 예수의 탄생은 하나님의 구원역사의 완성입니다. 이 위대한 역사에 참여하기 위해서 마리아에게 어떤 믿음과 각오가 필요했겠습니까?

* 약혼(18절) : 유대인은 결혼 전 대략 1년 정도 약혼 기간을 가지며, 이 기간은 이미 결혼 한 관계로 인정받았다. 이 기간 중에 남편이 죽으면 약혼한 여인은 과부가 되고, 만일 이 기간에 여인이 간음으로 인해서 임신하게 되면 죽음을 형벌로 받을 수도 있었다(신22:23~24).
*요셉의 의로움(19절) : 요셉은 율법을 따르는 하나님의 사람으로서 부정한 여인과 결혼할 수 없었다. 마리아를 사랑했지만 그것 때문에 하나님의 계명을 거역할 수는 없었다. 그는 고민 끝에 조용히 마리아에게 파혼 증서를 주어서 그녀를 임신케 한 사람과 결혼할 수 있도록 돕고자 했다. 그는 이 문제를 밝혀서 마리아를 죽게 만드는 일은 피하고자 했다. 하나님과 사랑 앞에서 고민하는 요셉의 아름다운 성품이 엿보인다. 그의 파혼의 결정은 하나님의 율법을 지키고자 하는 의로움에 기초하고 있다.

2. 요셉에게 마리아의 임신은 어떤 말로도 설득될 수 없는 문제였습니다. 이 문제로 괴로워하는 요셉을 하나님은 어떻게 도와주시며, 요셉은 이것을 어떻게 받아들입니까(20~25절)? 이러한 요셉을 통해서 우리가 배울 점은 무엇입니까?

ESV

18 Now the birth of Jesus Christ took place in this way. When his mother Mary had been betrothed to Joseph, before they came together she was found to be with child from the Holy Spirit. 19 And her husband Joseph, being a just man and unwilling to put her to shame, resolved to divorce her quietly. 20 But as he considered these things, behold, an angel of the Lord appeared to him in a dream, saying, "Joseph, son of David, do not fear to take Mary as your wife, for that which is conceived in her is from the Holy Spirit. 21 She will bear a son, and you shall call his name Jesus, for he will save his people from their sins." 22 All this took place to fulfill what the Lord had spoken by the prophet: 23 "Behold, the virgin shall conceive and bear a son, and they shall call his name Immanuel" (which means, God with us). 24 When Joseph woke from sleep, he did as the angel of the Lord commanded him: he took his wife, 25 but knew her not until she had given birth to a son. And he called his name Jesus.

3. 마리아에게서 태어날 아들, '예수' 라는 이름의 의미는 무엇이며(21, 23절), 그 의미가 예수님을 믿는 우리에게 어떻게 적용됩니까? 생물학적으로 도저히 이해할 수 없는 예수의 탄생에는 어떤 놀라운 비밀이 담겨져 있습니까(22~23절)?

*이사야의 예언(22~23절) : 이사야 7:14 인용.

ESV

21 She will bear a son, and you shall call his name Jesus, for he will save his people from their sins." 22 All this took place to fulfill what the Lord had spoken by the prophet: 23 "Behold, the virgin shall conceive and bear a son, and they shall call his name Immanuel" (which means, God with us). 2:1 Now after Jesus was born in Bethlehem of Judea in the days of Herod the king, behold, wise men from the east came to Jerusalem, 2 saying, "Where is he who has been born king of the Jews? For we saw his star when it rose and have come to worship him."

4. 하나님은 예수님의 탄생에 누구를 초청했으며(2:1), 이들은 자신들을 인도한 별에 대해서 어떤 확신을 가지고 있습니까(2절)? 한 밤 중에 별을 따라온 이들의 여정을 생각해 볼 때, 내 인생의 왕은 누구이며, 구원을 얻는 삶에는 어떤 열심과 수고가 필요합니까?

*동방 박사(2:1) : 예루살렘을 중심으로 볼 때, 동쪽에는 페르시아, 바벨론, 아라비아 같은 나라들이 있었다. 학자들은 바벨론일 가능성이 높다고 말한다. 이 나라들은 과거 이스라엘을 정복했던 나라들로서 이스라엘에 대한 종교를 비롯한 많은 정보를 가지고 있었다. 본문에 등장하는 박사는 점성가로서 그 시대에 수준 높은 학자로 인정을 받았다. 이들은 당시 포로로 잡혀갔던 유대인들을 통해서 유대교에 대해 많은 연구 자료와 정보를 가졌던 것으로 추측된다.

5. 아기 예수의 탄생 소식에 대해서 헤롯이 민감한 반응을 보이는 이유는 무엇이며(3~8절), 결국 그는 아기 예수를 죽이기 위해서 어떤 악행을 저지릅니까(16~17절)? 오늘날 예수님을 나의 왕으로 모시려 할 때 방해하는 헤롯과 같은 세력들은 무엇입니까?

*소동(2:3) : '당황하다, 뒤흔들다'라는 뜻. 그리스도의 탄생이 예루살렘에 기쁨이 되기보다는, 새로운 왕의 등장으로 발생할 정치적인 혼란을 예상하고 공포에 떠는 분위기가 만들어졌다

6. 동방박사들은 유대인의 왕이 유대의 수도 예루살렘에서 태어날 것이라고 기대했습니다(2:1). 그러나 별이 멈춰선 곳은 어디였습니까(눅 2:6~7)? 이러한 결과가 자신들의 기대와는 다른 것이었음에도 불구하고 아기 예수를 어떻게 대합니까(11절)? 동방박사들의 기대와 눈에 보이는 현실은 크게 달랐습니다. 하지만 이들이 조금도 낙심치 않고 큰 기쁨을 가질 수 있었던 이유는 무엇입니까?

*경배(11절) : 왕 앞에서 무릎을 꿇는 겸손한 마음과 자세를 말한다.
*황금과 유향과 몰약(11절) : 황금은 예나 지금이나 가장 귀한 보물이고, 유향은 아라비아 지방의 관목 나무에서 채취되는 흰색 액체로서 값비싼 향료였다. 몰약은 아라비아 지방에서 나는 흰색 액체로서 마취제와 향료로 쓰였다. 이 모두가 그 시대의 값비싼 보물이었다. 이 보물은 요셉의 가정이 헤롯의 칼을 피하여 애굽으로 피신할 때(14절) 요긴하게 사용되었을 것으로 추측된다.

1. 오늘 공부를 통해 하나님께서 나에게 주신 은혜는 무엇입니까? 예수님은 어떤 분이십니까?

2. 현재의 삶에서 하나님이 나에게 가장 원하시는 것은 무엇일까요?

😊 함께 기도합시다

예수님은 왜 처녀인 마리아에게서 태어나셨는가?

예수님의 동정녀 탄생은 지금까지도 기독교에 대한 시빗거리가 되고 있습니다. 그럼에도 불구하고 하나님은 왜 이러한 곤란한 방법을 선택하셨을까요?

1. 예언의 성취입니다. 하나님의 예언은 단순히 미래에 일어날 일에 대한 선언만이 아닙니다. 그 본질에는 하나님의 구원 약속이 들어있습니다. 이 구원 약속의 핵심은 온 인류를 죄와 죽음으로부터 구원하실 구원자 예수 그리스도에 대한 것입니다. 이 구원자는 특별한 분이기에 보통 사람과 구별되는 증거가 필요했습니다. 그래서 그의 탄생에 대해 구약의 선지자 이사야는 특별한 예언을 했고, 이 예언이 그로부터 500년 후 처녀 마리아를 통해서 성취된 것입니다.

2. 예수님은 사람의 몸으로 태어나셨지만, 하나님으로부터 오신 분이라는 것입니다. 우리가 알다시피 예수님은 성령 하나님을 통해서 잉태되었습니다. 어느 인간도 그의 운명인 죄와 죽음의 문제를 극복할 수 없습니다. 오직 하나님의 영원한 생명만이 모든 인간의 죄를 품고 죄의 삯인 죽음을 극복할 수 있습니다. 따라서 우리를 구원하기 위해서 오시는 분은 그저 위대한 사람이기만 해서는 안 됩니다. 그 구원자(메시아)는 오직 하나님으로부터 오셔야 하고 또한 하나님이셔야만 합니다.

3. 예수님은 인간을 진정으로 구원하기 위해서 인간이 되셨습니다. 하나님은 죄의 지배를 받는 인간의 고통을 온 몸으로 이해하고 또 그 고통의 삶 가운데 우리들이 어떻게 살아야 하는지를 보여 주시기 위해 친히 인간이 되셨습니다(빌 2:6~7). 예수님께서 인간으로 사셨기에 우리 현실의 고통을 깊이 이해하십니다. 그는 우리에게 영원한 생명과 천국을 주실 뿐만 아니라, 고통과 방황이 가득한 삶에서 우리를 구원하여 주십니다.

말씀으로 시험을 이기신 예수님

● 마태복음 4:1~11(4)

예수께서 대답하여 이르시되 기록되었으되 사람이 떡으로만 살 것이 아니요 하나님의 입으로부터 나오는 모든 말씀으로 살 것이라 하였느니라 하시니

우리는 예수님을 믿을 때, 우리의 형편이 좋아질 것이라고 기대합니다. 그러나 현실은 예수님을 따르기에 너무나 힘든 어려움들과 고민들이 있습니다. 이런 상황에 놓일 때, 우리는 하나님이 당신의 자녀에게 이런 고통을 막아주지 않는 것에 대한 섭섭함과 불평에 빠집니다. 왜 하나님은 우리에게 이런 고통을 허락하실까요?

본문은 예수님이 공생애를 시작하기 전 40여일을 금식기도를 하시며 준비하시는 모습으로 시작됩니다. 이때 마귀는 인간의 한계에 부딪힌 예수님을 세 가지로 유혹합니다. 예수님을 유혹한 이것이 오늘날 우리에게는 어떠한 의미가 있는지 생각해 봅시다. 그리고 예수님이 이것을 어떻게 제압하시는지를 봅시다. 사단을 꺾는 예수님을 보면서 우리를 위협하는 세상의 고통과 이에 따른 유혹을 어떻게 이기는 지를 배워야 하겠습니다(요16:33).

1. 예수님은 메시아로서 공적인 생애를 시작하기 위해 어떤 준비를 하십니까(1~2절)? 이때 예수님의 상태는 어떠했을 것 같습니까? 이 상황을 이끄는 두 존재는 각각 누구이며, 이들은 예수님께 어떤 영향을 미쳤겠습니까? 이것이 우리의 실제적인 삶에서 어떻게 나타나고 있습니까?

2. 예수님에 대한 첫 번째 시험은 무엇이며, 이 시험 안에는 예수님께 있어 어떤 치명적인 위험이 담겨져 있습니까(3절)? 예수님은 이 시험을 어떻게 이기십니까(4절, 신 8:3)?

ESV

1 Then Jesus was led up by the Spirit into the wilderness to be tempted by the devil. 2 And after fasting forty days and forty nights, he was hungry. 3 And the tempter came and said to him, "If you are the Son of God, command these stones to become loaves of bread." 4 But he answered, "It is written, "'Man shall not live by bread alone, but by every word that comes from the mouth of God.'"

3. 마귀의 떡에 대한 유혹은 오늘날 우리에게 어떤 문제로 다가오고 있습니까? 하나님의 자녀들은 이 유혹에 대해 어떤 자세와 방법으로 싸워야 하겠습니까?

ESV

5 Then the devil took him to the holy city and set him on the pinnacle of the temple 6 and said to him, "If you are the Son of God, throw yourself down, for it is written, "'He will command his angels concerning you,' and "'On their hands they will bear you up, lest you strike your foot against a stone.'" 7 Jesus said to him, "Again it is written, 'You shall not put the Lord your God to the test.'"

4. 마귀의 두 번째 유혹은 무엇이며(시 91:11~12), 이 시험 안에는 예수님에게 어떤 치명적인 위험이 숨겨져 있습니까 (5~7절)? 예수님은 이 시험을 어떻게 이기셨습니까(7절, 신 6:16)?

5. 두 번째 유혹은 오늘날 어떤 문제로 다가오고 있습니까? 하나님의 자녀들은 이 유혹에 대해 어떤 자세와 방법으로 싸워야 하겠습니까?

ESV

8 Again, the devil took him to a very high mountain and showed him all the kingdoms of the world and their glory. 9 And he said to him, "All these I will give you, if you will fall down and worship me."

6. 마귀의 세 번째 유혹은 무엇이며, 이 시험 안에는 예수님께 어떤 치명적인 위험이 숨어 있습니까(8~9절)? 예수님은 이 시험을 어떻게 이기셨습니까(10절, 신 6:13)?

7. 세 번째 유혹은 오늘날 어떤 문제로 다가오고 있으며, 하나님의 자녀들은 이 유혹에 대해 어떤 자세와 방법으로 싸워야 하겠습니까?

1. 오늘 공부에 나타난 예수님은 어떤 분이시며, 그의 승리의 무기는 무엇입니까? 나는 예수님을 따를 때 어려움에 부딪히면 어떻게 해결하고자 합니까?

2. 영적 투쟁이란, 하나님의 인도하심을 따를 것인지 아니면 마귀의 유혹을 따를 것인지에 대해 고민하는 것입니다. 어느때 유혹을 받습니까? 어떤 상황에서도 결코 마귀의 유혹에 굴복해서는 안 되는 이유가 무엇입니까? 우리는 마귀의 유혹과 어떻게 싸워야 하겠습니까

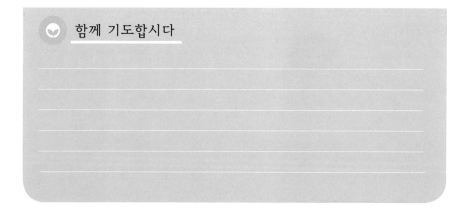

함께 기도합시다

마귀를 이기는 하나님의 말씀

예수님은 마귀의 유혹에 대해서 오직 하나님의 말씀, 구체적으로 신명기 말씀을 인용해서 물리치셨습니다. 왜 예수님은 마귀에 대해서 하나님의 말씀으로만 싸우셨을까요? 하나님의 말씀, 즉 성경은 하나님의 감동으로 기록된 것으로 구원에 이르는 진리와 하나님 앞에서 바른 삶의 원리를 가르쳐줍니다(딤후 3:16). 여기에 그치지 않고 우리를 위협하는 사단과 세상의 세력을 물리치는 하나님의 검이 됩니다. 이에 대해 "하나님의 말씀은 살아 있고 활력이 있어 좌우에 날선 어떤 검보다도 예리하여 혼과 영과 및 관절과 골수를 찔러 쪼개기까지 하며 또 마음의 생각과 뜻을 판단하나니"라고 말씀하고 있습니다(히 4:12). 하나님 말씀은 그야말로 천하제일의 명검입니다. 이 말씀 앞에서 감히 대적할 원수가 없고, 무너지지 않을 세상의 어떤 세력도 없습니다.

하나님은 우리에게 이 놀라운 천하제일의 명검을 주셨습니다. 그럼에도 불구하고 우리가 자주 영적 침체와 시험에 빠지는 이유는 무엇입니까? 시험 앞에서 하나님의 뜻을 몰라 넘어지는 경우는 없습니다. 우리가 시험에 빠지는 이유는 내가 갖고 있는 이 말씀의 검을 불신하기 때문입니다. 아니면 이 검을 뽑아들면 자신이 다칠까봐 애써 외면하기 때문입니다. 사단은 우리가 하나님의 검을 가지고 있다는 것만으로는 결코 피하지 않습니다. 사단이 두려워하는 것은 우리가 믿음으로 이 칼을 뽑아 자기에게 대적하는 것입니다. 시험의 날에 승리할 수 있는 방법은 말씀을 깊이 묵상하면서 소감을 쓰는 것이며, 더 나아가서 그 말씀에 자신의 생각과 욕망을 쳐서 복종시키는 것입니다. 말씀으로 무장하고 싸우고자 할 때, 사단은 한 길로 왔다가 열 길로 도망합니다. 말씀이야말로 사단을 가장 확실하게 제압할 수 있는 승리의 비결입니다.

복된 인생

● 마태복음 5:1~16(3)

심령이 가난한 자는 복이 있나니 천국이 그들의 것임이요

　마태복음 5~7장은 산상수훈입니다. 예수님은 찾아온 많은 백성들에게, '하나님이 주시는 행복'이라는 주제로 수양회를 개최합니다. 이 백성들은 로마제국과 헤롯왕의 폭정 아래에서 굶주리며 고통 받는 사람들이었습니다. 이들이 예수님께 기대했던 것은 자신의 고통을 덜어줄 실제적인 도움과 기적이었습니다. 하지만 예수님은 기대와 달리 이들에게 하나님의 말씀을 오래도록 증거하십니다. 배가 고픈 백성에게 예수님의 긴 설교는 감당하기 쉽지 않은 문제였을 것입니다.

　왜 이렇게 하셨을까요? 백성들이 생각할 때 현실적인 도움만이 중요하게 보일지 모르지만, 예수님 보시기에 그러한 것들은 일시적인 만족만을 주기 때문입니다. 정말 이 백성에게 필요한 것은 잠시 잠깐의 만족이 아니라 하나님의 영원한 만족과 행복이었습니다. 이를 위해 예수님은 모인 백성들에게 하나님의 말씀을 통해서 자신의 고통의 삶 속에 숨겨진 하나님의 행복을 찾게 하십니다. 우리의 삶이 힘들다고 하여 우리에게 행복이 없는 것은 아닙니다. 오늘 이 말씀이 우리의 영적인 눈을 뜨게 하여 하나님이 넘치게 주시는 행복을 발견할 수 있길 바랍니다.

1. 가난한 심령이란, 하나님 앞에서 전혀 내세울 것이 없는 무너진 마음을 말합니다(3절). 애통하는 마음은 자신의 무너진 마음을 보고 슬퍼하는 마음입니다(4절). 즉 자신의 죄인 됨을 깊이 인식하고 이것을 실제적으로 애통하는 것입니다. 왜 이런 마음이 천국을 소유하게 되고, 또 하나님의 위로를 받게 될까요?

2. 하나님이 주시는 천국과 하나님의 위로는 무엇입니까(3~4절)? 왜 이것이 현재의 형편과 고통을 뛰어넘을 수 있는 행복이 될 수 있습니까?

3. 오늘날 온유한 사람은 어떤 평가를 받습니까? 하나님 앞에서 온유함이란 무엇이며, 이 사람이 받는 복은 무엇입니까(5절)? 뉴스를 볼 때 마다 세상 곳곳에서 재난의 소식이 들려오고 우리 주변에서도 고통의 신음 소리가 끊임없이 들려오고 있습니다. 당신은 이런 소식을 들을 때마다 어떤 반응을 보입니까? 이처럼 고통이 가득한 세상에서 우리는 어떻게 행복을 얻을 수 있습니까(7절)?

ESV

5 "Blessed are the meek, for they shall inherit the earth. 6 "Blessed are those who hunger and thirst for righteousness, for they shall be satisfied. 7 "Blessed are the merciful, for they shall receive mercy. 8 "Blessed are the pure in heart, for they shall see God. 9 "Blessed are the peacemakers, for they shall be called sons1 of God.

4. "마음이 청결하다는 것"은 무엇이며 "하나님을 본다"는 것은 무엇입니까(8절)? '당신은 하나님의 자녀답습니다' 라는 말을 언제 들어 보았습니까? 이 말은 사람을 통해 천국의 명예와 기쁨을 안겨주는 하나님의 놀라운 칭찬입니다. 어떤 일을 통해서 이런 칭찬을 들을 수 있습니까(9절)?

5. "의(義)에 주리고 목마른 자"는 어떤 사람이며, 의를 위해서 핍박을 받을 때 하나님께서는 어떤 복을 주십니까(6, 10절)? 또 그 복이 나에게 어떤 행복이 됩니까(6, 10~12절)?

6. 예수님은 하나님의 자녀를 "세상의 소금과 빛"이라고 말씀하십니다(13~15절). 세상을 새롭게 하기 위해서 예수님 안에서 내가 준비해야 할 "소금과 빛"은 무엇입니까?

7. 기독교 신앙의 기본이 되는 웨스트민스터 신앙고백서의 제 1번을 보면, "사람의 제일 되는 목적은 하나님을 영화롭게 하는 것과 영원토록 그를 즐거워하는 것이다."라고 말하고 있습니다. 당신은 지금까지 인생의 목적을 어디에 두고 있었습니까? 예수님께서 가르쳐 주시는 인생의 목적은 무엇입니까?

ESV

10 "Blessed are those who are persecuted for righteousness' sake, for theirs is the kingdom of heaven. 11 "Blessed are you when others revile you and persecute you and utter all kinds of evil against you falsely on my account. 12 Rejoice and be glad, for your reward is great in heaven, for so they persecuted the prophets who were before you. 13 "You are the salt of the earth, but if salt has lost its taste, how shall its saltiness be restored? It is no longer good for anything except to be thrown out and trampled under people's feet. 14 "You are the light of the world. A city set on a hill cannot be hidden. 15 Nor do people light a lamp and put it under a basket, but on a stand, and it gives light to all in the house.

1. 예수님은 "하나님 나라는 너희 안에 있느니라"(눅 17:21)라고 하셨습니다. 천국은 어떤 나라입니까?

2. 내가 원하는 천국과 하나님이 주시는 천국이 어떻게 다릅니까? 내 안에 천국이 임하기 위해서 힘써 추구해야 할 것이 무엇입니까?

● 함께 기도합시다

역설(Paradox)

예수님은 "가난한 자와 애통하는 자"가 복이 있다고 말씀하십니다. 팔복이 복되게 보이지 않는 이유는 이 복들이, 우리가 살고 있는 세상에서는 불행과 슬픔의 대명사이기 때문입니다. 예수님은 종종 우리가 일반적으로 알고 있는 당연한 사실과 정반대로 말씀하셨습니다. 마가복음 8장 35절에서는 "누구든지 자기 목숨을 구원하고자 하면 잃을 것이요 누구든지 나와 복음을 위하여 자기 목숨을 잃으면 구원하리라"고 말씀하셨습니다.

왜 예수님은 정반대의 논리를 펴셨을까요? 이것을 보고 역설(paradox)이라고 합니다. 이것은 예수님의 말씀, 천국의 논리가 이 세상의 논리와 완전히 다르기 때문이 아닙니다. 하나님은 세상을 창조하실 때, 심히 기뻐하셨습니다. 그러나 인간이 하나님을 거부하고 불순종하면서 죄가 세상에 들어오고 사람들은 타락하기 시작했습니다. 세상의 논리라는 것은 결국 타락한 인간 중심의 논리입니다. 그것은 이기적이고 자기만족적인 것입니다. 하나님을 경외하거나 이웃에 대한 사랑과 배려가 없습니다. 예수님은 이러한 세상에 하나님 나라를 드러내신 것입니다. 세상이 악하고 비뚤어져 있기 때문에 예수님 말씀은 이상하게 들리고 반대로 보일 수 있습니다. 그러나 사실은 예수님 말씀이 잘못된 것이 아니라 세상이 잘못된 것입니다. 오히려 예수님 말씀은 세상을 처음 모습으로 회복시키는 말씀이며 구원에 이르는 생명의 말씀입니다.

먼저 그의 나라와 의를 구하라

● 마태복음 6:19~34(33)

그런즉 너희는 먼저 그의 나라와 그의 의를 구하라 그리하면 이 모든 것을 너희에게 더하시리라

● 시작하는 이야기

　하루를 시작하기 전, 오늘 자신이 가장 먼저 해야 할 일을 아는 사람은 그날 하루를 성공적으로 보낼 가능성이 높습니다. 인생의 목표가 분명하고 이것을 성취하기 위해서 그 일에 우선권을 가지고 도전하는 사람이 있다면, 그는 만족할 수 있는 인생을 살 것입니다. 이러한 점에서 인생의 목표와 우선권이 세워진 사람은 다른 사람보다 힘들게 사는 것 같지만 매일 매일 전진하는 사람이기에 행복한 사람이라고 할 수 있습니다.

　삶의 과정은 우리에게 가치 있는 삶과 하나님이 기뻐하시는 삶의 기회를 제공합니다. 그러나 인생의 목표가 분명치 않는 사람은 그런 선한 기회가 부담스럽고 귀찮게 느껴집니다. 이들은 남들이 살아가는 방식을 좇아가는 것에서 안도감과 만족을 찾습니다. 하지만 이렇게 산다면, 하나님의 사람은 세상 사람들은 어떤 점에서 하나님의 자녀는 세상 사람들과 삶의 모습은 비슷할지라도 추구하는 목표가 다르고 선택하는 기준이 달라야 합니다. 작아 보일지 모르는 이러한 차이는 시간이 갈수록 그가 세상에 끼치는 영향력에 있어서 엄청난 차이를 보이게 됩니다. 당신이 하나님의 자녀라면, 가장 필요한 것은 하나님 앞에서 선한 목표를 세우고, 이를 위해서 날마다 우선순위을 갖고 목표를 향해 조금씩 전진하는 것입니다. 이 작은 차이가 당신의 인생을 하나님과 세상 앞에서 위대한 인생이 되게 할 것입니다.

1. 요즘 내 마음과 생각이 집착하고 있는 것이 무엇입니까? 당신의 보물은 무엇이며, 그것을 어디에 쌓아 두고자 합니까? 보물을 저축하는 지혜로운 방법은 무엇입니까? 그렇다면 지혜로운 삶은 내 생활과 마음을 어디에 집중하는 것입니까(20~21절)?

2. 22~23절은 분별력과 가치관에 관한 말씀입니다. 요즘 당신이 집중하고 있는 것은 무엇입니까? 이를 볼 때, 당신의 눈은 건강합니까, 아니면 그렇지 못합니까? 우리를 다스리는 두 주인은 누구이며, 왜 우리는 한 주인만을 섬기기로 선택할 수밖에 없습니까(24절)? 하나님을 바라보고 하나님이 기뻐하는 것을 선택하는 사람의 마음은 어떤 것이며, 내 자신이 좋아하는 것을 추구하는 사람의 마음은 어떤 것입니까(22~23절)?

ESV

20 For I tell you, unless your righteousness exceeds that of the scribes and Pharisees, you will never enter the kingdom of heaven. 21 "You have heard that it was said to those of old, 'You shall not murder; and whoever murders will be liable to judgment.' 22 But I say to you that everyone who is angry with his brother will be liable to judgment; whoever insults his brother will be liable to the council; and whoever says, 'You fool!' will be liable to the hell of fire. 23 So if you are offering your gift at the altar and there remember that your brother has something against you, 24 leave your gift there before the altar and go. First be reconciled to your brother, and then come and offer your gift

3. 우리자신이 염려하는 바가 무엇입니까(25절)? 눈에 보이는 것 때문에 우리가 절대로 간과해서는 안 되는 것은 무엇입니까(25절)? 당신은 하나 밖에 없는 이 목숨, 즉 나의 인생에 대해서 얼마나 진지한 관심을 가지며, 가치 있는 인생이 되기 위해서 어떤 수고를 하고 있습니까? 이 목숨은 어떻게 얻을 수 있습니까(요 20:31)?

4. 하나님의 자녀는 왜 염려할 필요가 없습니까(26~28절)? 하나님의 자녀는 세상 사람들과 어떤 점에서 분명하게 달라야 합니까(31~32절)?

ESV

25 Come to terms quickly with your accuser while you are going with him to court, lest your accuser hand you over to the judge, and the judge to the guard, and you be put in prison. 26 Truly, I say to you, you will never get out until you have paid the last penny. 27 "You have heard that it was said, 'You shall not commit adultery.' 28 But I say to you that everyone who looks at a woman with lustful intent has already committed adultery with her in his heart. 29 If your right eye causes you to sin, tear it out and throw it away. For it is better that you lose one of your members than that your whole body be thrown into hell. 30 And if your right hand causes you to sin, cut it off and throw it away. For it is better that you lose one of your members than that your whole body go into hell. 31 "It was also said, 'Whoever divorces his wife, let him give her a certificate of divorce.' 32 But I say to you that everyone who divorces his wife, except on the ground of sexual immorality, makes her commit adultery, and whoever marries a divorced woman commits adultery.

5. 우리 인생의 우선권이 되어야 할 하나님의 나라와 의란 과연 무엇입니까(33절)? 이것을 우선적으로 추구할 때, 제 일 먼저 당신의 생활에서 변화되어야 할 점은 무엇입니까?

6. 그렇다면 지금 당신이 가지고 있는 어려운 현실 문제는 무엇이며, 하나님은 우리가 이 문제를 어떻게 해결하기를 원하십니까(33~34절)?

1. 당신의 인생에 있어서 당신의 보물과 예수님이 가르쳐 주신 보물은 어떻게 다릅니까? 당신의 보물을 하늘에 쌓는 지혜로운 저축은 지금 당신의 삶에서 어떤 것인지를 나눠봅시다.

2. 어려운 형편에서 하나님의 뜻과 내 욕심이 충돌할 때, 우리는 어떤 마음과 자세로 무엇을 선택해야 하겠습니까?

● **함께 기도합시다**

왜 염려해서는 안 되는가?

'염려'라는 말은 헬라어로 '메리조나(분열되다, 나뉘다)'입니다. 즉 염려는, 어떤 일에 대한 지나친 근심과 걱정으로 인해서 마음이 여러 갈래로 나눠지는 상태를 말합니다. 문제는 이 염려가 눈앞에 있는 문제에 집착토록 하여 인생의 참된 목적을 상실케 한다는 것입니다. 예수님은 마가복음 4:19에서 세상의 염려를 '가시떨기'로 비유하고 있습니다. 이 염려는 가시떨기처럼 우리의 신앙을 갈기갈기 찢어서 괴롭게 만듭니다. 또 땅속에서는 그 뿌리가 강력하여 곡식의 양분을 다 빼앗아 버립니다. 결국 가시덤불로 인해 알곡은 땅 속에서 말라 죽고, 땅 위에서는 비참하게 찢기는 고통을 받다가 죽고 맙니다. 염려는 마음의 분열로만 그치지 않습니다. 이것의 궁극의 목표는 주님을 향한 우리의 신앙 즉, 믿음으로 살고자 하는 거룩한 의지를 죽이는데 있습니다.

본문에서 예수님은 염려함으로 우리가 할 수 있는 일이 아무 것도 없음을 말하고 있습니다. 염려는 아직 일어나지도 않은 일을 상상 속에서 크게 확대하여 스스로 방황하고 괴롭게 만드는 것입니다. 이것은 하나님보다 현실에 매이게 하는 것입니다. 염려하는 사람의 신앙은 시간이 갈수록 파리하게 말라져갑니다. 염려는 백해무익합니다. 하나님의 자녀들은 모든 일을 하나님께 맡기고 오직 믿음으로, 말씀에 순종하며 살겠다는 분명한 각오를 다져야 합니다. 염려할 수밖에 없는 상황은 우리를 괴롭게 합니다. 그럴 때일수록 오직 믿음과 말씀으로 살겠다는 각오를 가지고 내 안에 있는 염려의 가시떨기를 뽑아야 할 것입니다. 잠시 내 손에 피가 날 수도 있지만 그 일로 인해 우리 마음이 깨끗해지고 하나님이 기뻐하시는 많은 열매를 맺을 수 있습니다.

천국 백성의 인간관계

● 마태복음 7:1~12(12)

그러므로 무엇이든지 남에게 대접을 받고자 하는 대로 너희
도 남을 대접하라 이것이 율법이요 선지자니라

인생이란, 결코 나 혼자 살아가는 것이 아닙니다. 만남을
통해서 이루어지는 것입니다. 태어나면서 부모를 만나고
그 후에는 친구를 만나며, 직장동료를 만나고 그리고 마침
내 배우자를 만납니다. 이런 만남의 연속 속에서 삶의 의미
와 가치를 찾습니다. 이런 점에서 인간관계는 삶의 중심에
있는 중요한 문제입니다.

오늘날은 인간관계가 점차 무시되어가고 있습니다. 젊
은 사람들은 부담스런 인간관계보다는 간편한 컴퓨터에 몰
입하고 있습니다. 오늘날 만연한 자기중심적인 인간관계는
얼마가지 않아 그 관계를 파괴시키면서 방황하는 인생이 되
게 합니다. 인간관계의 실패는 곧 인생의 실패입니다. 성공
하는 인생을 살고자 한다면, 나와 관계를 맺고 있는 사람들
과 좋은 관계, 발전적인 관계를 맺어야 합니다. 이 관계는
다른 사람에게 '좋은 사람이 되라'고 요구함으로 되는 것이
결코 아닙니다. 오직 내 자신이 좋은 사람으로 다른 사람에
게 다가갈 때, 그 사람도 나에게 좋은 친구로 다가오게 됩
니다. 좋은 인생을 살고 싶습니까? 그렇다면 내 주변의 사
람과 좋은 관계를 맺으십시오. 이 중요한 일을 어떻게 할
수 있습니까?

말씀의 자리

1. 흔히 '뒷담화'를 해서는 안 된다고 하는데, 이것이 왜 나쁩니까? 예수님은 왜 이것을 해서는 안 된다고 말씀하십니까(1~2절)?

2. 요즘 청년들은 자신이 느끼는 것을 솔직하게 말하는 경향이 있습니다. 이것을 스스로 '쿨한' 성격이라고 자랑할 수도 있겠지만 이 성격이 다른 사람에게는 깊은 상처를 줄 수도 있습니다. 당신은 하나님 앞에서 어떤 존재입니까? 하나님 앞에서 나 자신에 대한 이해는 다른 사람의 허물에 대해서 어떤 자세를 가지게 합니까(3~5절)?

ESV

1 "Judge not, that you be not judged. 2 For with the judgment you pronounce you will be judged, and with the measure you use it will be measured to you. 3 Why do you see the speck that is in your brother's eye, but do not notice the log that is in your own eye? 4 Or how can you say to your brother, 'Let me take the speck out of your eye,' when there is the log in your own eye? 5 You hypocrite, first take the log out of your own eye, and then you will see clearly to take the speck out of your brother's eye.

3. '개와 돼지'와 같은 사람은 어떤 사람을 가리키며, 그런 사람들을 어떻게 대해야 합니까(6절)?

*6절: 개는 물어뜯는 동물이며, 돼지는 탐욕을 상징하는 동물로서 하나님의 복음을 대적하는 무리를 말한다. 그 시대의 경우, 예수님을 죽이기 위해서 항상 예수님을 시험하는 종교지도자들을 말한다. 오늘날 하나님의 자녀들을 훔쳐가기 위해서 틈만 나면 시비를 거는 이단과 같은 사람들이다.

ESV

6 "Do not give dogs what is holy, and do not throw your pearls before pigs, lest they trample them underfoot and turn to attack you. 7 "Ask, and it will be given to you; seek, and you will find; knock, and it will be opened to you. 8 For everyone who asks receives, and the one who seeks finds, and to the one who knocks it will be opened.

4. 7~8절 말씀은 열정적인 기도의 자세에 관한 말씀입니다. 또 한편, 본문의 흐름으로 볼 때 귀한 사람을 어떻게 얻을 수 있는지를 말하고 있습니다. 우리가 복음을 전하다가 위기에 부딪혔을 때 해야 할 일은 무엇입니까?

5. 기도하는 자가 가장 먼저 알아야 할 중요한 사실은 무엇입니까(9~11절)? 요즘 나의 첫 번째 기도 제목은 무엇이며, 왜 나는 그 기도 제목에 집중하지 못하는지 서로 나눠봅시다.

6. 이웃과 좋은 관계를 맺으려면 어떻게 해야 합니까(12절)? "이것이 율법이요 선지자니라"라는 뜻은 무엇입니까(12절)?

1. 최근 인간관계에 있어서의 실패와 성공담을 나누어 보고, 진실하고 감동적인 인간관계를 맺기 위해서 어떻게 해야 할지 정리해 봅시다.

😊 함께 기도합시다

하나님의 사람은 먼저 대접하는 사람입니다.

우리가 남을 비판할 때는 그 사람이 잘못할 때도 있지만 그 사람이 마땅히 나에게 돌려야 할 칭찬과 감사가 보이지 않을 때도 있습니다. 이러한 원망이 쌓이면서 서로의 관계가 멀어집니다. 이처럼 별 것도 아닌 것에 쉽게 상처를 받는 우리에게 예수님은 "무엇이든지 남에게 대접을 받고자 하는 대로 너희도 남을 대접하라(12)"고 말씀하십니다. 남이 나를 알아주지 못한 것을 섭섭하게 여기기보다 내가 먼저 남을 알아주지 못한 것을 슬퍼해야 합니다. 헌금과 봉사만이 하나님께 드려지는 예물이 아닙니다. 연약한 사람을 위해 주의 사랑으로 후하게 대하기 위해 정성과 물질을 쓰는 것도 하나님께 드려지는 예물입니다.

오늘날 세상은 이익을 위해 경쟁하고 또 선택하는 풍조가 만연있습니다. 남의 어려움과 필요를 생각하는 사람을 찾기가 어렵습니다. 하나님의 자녀가 세상과 맞서는 삶이란, 물질보다 사람을 더 중요하게 여기며 다른 사람을 주의 이름으로 사랑하고 섬기는 삶입니다. 바로 여기에 그리스도의 향기가 나타나고, 복음의 능력이 나타납니다. 예수님을 믿어도 자기 인생을 불행하게 여기는 사람은 주변에 사랑을 베푸는 사람이 없기 때문입니다. 나의 형편이 나를 불행하게 만드는 것이 아니라 내가 먼저 남을 사랑하고자 하는 풍요로움이 없기 때문입니다. 남을 먼저 사랑하고 섬기는 곳에 하나님이 주시는 인생의 행복이 있습니다.

좁은 문을 선택하는 삶

● 마태복음 7:13~29(13)

좁은 문으로 들어가라 멸망으로 인도하는 문은 크고 그 길이 넓어 그리로 들어가는 자가 많고

● 시작하는 이야기

민주주의는 어떤 문제에 대해 다수의 뜻에 따라서 결정하는 것이 특징입니다. 하지만 때로는 다수의 사람들조차 눈에 보이는 그럴듯한 상황에 미혹되고 또 현란한 말에 속아서 잘못된 선택을 합니다. 많은 사람들의 선택이 항상 옳은 것은 아닙니다.

우리 생활에서 일으키는 작은 실수들은 다음 기회에 만회할 수 있지만 인생 전체의 방향에 대한 잘못된 선택은 돌이키기 힘듭니다. 인생에서 가장 두려운 것은 어느날 자신의 인생을 돌아 보았을 때, '아! 내가 헛살았구나.'라는 후회가 드는 것입니다. 한 번 밖에 없는 나의 인생, 무조건 남을 흉내 내는 인생이 되어서는 안 됩니다. 깊이 생각해 보고 올바른 길을 선택해야 하지 않겠습니까? 내 삶의 최선의 길을 찾는 것이야말로 한 번 밖에 없는 인생을 책임지는 진지한 태도입니다. 그렇다면 나의 인생에 대한 올바른 길을 어떻게 찾을 수 있습니까?

● 말씀의 자리

1. 사람들은 힘든 인생을 피하기 위해 수많은 노력을 기울입니다. 그러나 예수님은 오히려 "좁은 문으로 들어가라"고 말씀하십니다. 예수님이 이러한 권면을 하는 이유가 무엇입니까(13~14절)? 좁은 문이란 무엇을 말합니까?

2. 참된 것과 거짓된 것은 무엇으로 구별할 수 있습니까(15~20절)? 힘들지만 우리가 예수님의 말씀을 선택하고 따라야 할 이유는 무엇입니까?

*거짓 선지자(15절) : 하나님의 종으로 자처하지만 하나님 말씀이 아닌 사람을 즐겁게 하는 거짓된 교훈을 증거하는 사람. 이 사람들은 하나님의 이름을 빙자해서 자기 자신의 명예와 재물을 취하려고 한다.

ESV

13 "Enter by the narrow gate. For the gate is wide and the way is easy1 that leads to destruction, and those who enter by it are many. 14 For the gate is narrow and the way is hard that leads to life, and those who find it are few. 15 "Beware of false prophets, who come to you in sheep's clothing but inwardly are ravenous wolves. 16 You will recognize them by their fruits. Are grapes gathered from thornbushes, or figs from thistles? 17 So, every healthy tree bears good fruit, but the diseased tree bears bad fruit. 18 A healthy tree cannot bear bad fruit, nor can a diseased tree bear good fruit. 19 Every tree that does not bear good fruit is cut down and thrown into the fire. 20 Thus you will recognize them by their fruits.

3. 어떤 사람이 하나님께 버림받습니까(21~23절)? 예수님 말씀이 어떤 면에서 심각한 긴장을 불러일으킵니까? 예수님이 말씀하시는 불법은 내가 생각했던 불법과 어떻게 다른 것 같습니까?

4. 우리가 천국에 들어가기 위해 깨어서 행해야 할 것이 무엇입니까? '믿음으로 구원받는 신앙'이란 어떤 것입니까(약 2:22)? 요즘 하나님이 나에게 주시는 말씀은 무엇이며, 그 말씀 앞에 나를 쳐서 복종하고자 하는 거룩한 의지를 가지고 있습니까(고후 10:4~5)?

5. 어떤 인생이 어리석은 인생이며, 그의 어리석음이 언제 드러납니까(26~27절)? 인생에서 "창수가 나고 바람이 분다"는 것은 무엇을 말합니까?

ESV

24 "Everyone then who hears these words of mine and does them will be like a wise man who built his house on the rock. 25 And the rain fell, and the floods came, and the winds blew and beat on that house, but it did not fall, because it had been founded on the rock. 26 And everyone who hears these words of mine and does not do them will be like a foolish man who built his house on the sand. 27 And the rain fell, and the floods came, and the winds blew and beat against that house, and it fell, and great was the fall of it."

6. 어떤 인생이 지혜로운 인생이며, 그의 지혜가 언제 나타납니까(24~25절)? 반석 위에 집을 지은 인생이란 어떤 것입니까?

7. 기억나는 말씀이 무엇이 있는지 서로 말해봅시다. 이 말씀들에 기초해 볼 때, 말씀에 순종하는 삶을 산다는 것은 구체적으로 어떤 삶입니까? 하나님의 말씀이 내 인생의 진정한 반석임을 어떻게 알 수 있습니까(요 7:17)?

1. 지금까지 당신의 신앙초점은 어디에 맞춰져 있었습니까? 믿음만을 강조할 때 우리의 신앙은 어떻게 잘못될 수 있습니까?

2. 하나님 말씀을 준행하는 삶에는 세상의 유혹과 위협 앞에서 '죽으면 죽으리라(에 4:16)'는 결연한 의지와 용기가 필요합니다. 당신이 주의 말씀을 따르기 위해 하나님 앞에서 죽이기로 결단해야 할 죄 문제는 무엇입니까?

● 함께 기도합시다

예수님이 말씀하시는 '불법'이란 무엇일까요?

일반적으로 불법이란 도덕적, 윤리적으로 용납할 수 없는 행위라고 생각할 수 있습니다. 또 신앙적으로 본다면 신앙에 열심을 내지 않거나 위선적인 신앙이라고 말할 수 있습니다. 그러나 예수님은 본문에서 도덕적, 윤리적인 탈선이나 위선적인 신앙에 대해서 언급하지 않습니다. 오히려 주의 이름으로 많은 일을 한 사람들을 향해서 "내가 너희를 도무지 알지 못하나니 불법을 행하는 자들아 내게서 떠나가라"고 엄히 명하십니다. 이들의 불법은 도대체 무엇일까요?

본문에서 예수님이 강력하게 요구하시는 것은, 천국에 들어가기 위해서는 하나님의 뜻대로 행하는 삶이 있어야 한다는 것입니다(21절). 하나님의 말씀은 영적인 지식과 나의 신앙적 만족을 쌓기 위해서만 사용되어서는 안 된다는 것입니다. 말씀은 우리의 삶을 변화시키고 또 삶을 이끌어가는 능력이 되어야 합니다. 말씀을 통해서 변화된 삶은 하나님을 더욱 사랑할 뿐만 아니라, 내 이웃을 사랑하는 삶으로 나아가야 합니다. 예수님의 기도대로 세상에 하나님의 뜻이 임하는 역사가 일어나야 합니다(마 6:10). 우리의 선행으로 어두운 세상에 빛이 비취고, 고통당하는 자들에게 하나님 자녀들의 사랑과 위로가 나타나야 합니다. 세상에 유익이 되지 못하는 신앙은 예수님이 인정하지 않는 신앙입니다. 이러한 면에서 볼 때, 예수님이 말씀하시는 하나님의 뜻은 '신앙이란, 내가 속한 세상에서 내 삶의 모습이 하나님의 사랑과 공의로 나타나는 것'입니다. 예수님의 천국은 이 세상의 삶에 의해서 결정되는 것입니다.

예수님을 따르는 사람들

● 마태복음 8:1~22(22)

예수께서 이르시되 죽은 자들이 그들의 죽은 자들을 장사하게 하고 너는 나를 따르라 하시니라

어떻게 생각하세요? 과연 인생은 아름답습니까? 우리가 살아가는 세상은 아름다운가요? 쉽게 동의하기 어렵습니다. 세상을 한 눈에 보여주는 신문의 사회면을 펼쳐보았나요? 인터넷 뉴스를 읽어보았나요? 세상은 해결하기 어려운 고통으로 가득 차 있습니다. 불굴의 의지로 극복하고 싶어도, 내 힘으로 어쩔 수 없는 상황들이 너무나도 많습니다. 아마도 이 세상에 뿌려진 눈물의 양을 합하면 강을 이루고 바다를 이루지 않을까요?

그래서 사람들은 누군가 자기의 삶을 건져내 주기를 바랍니다. 선거 때마다 한 가닥 희망을 걸어보지만, 그들은 우리를 구해줄 메시아가 되지 못한다는 것을 금방 느끼게 됩니다.

여기 어쩔 수 없는 절망의 꼭짓점에 위태롭게 서 있는 세 명의 환자들이 있습니다. 당시에 최고의 저주로 취급받았던 나병에 걸린 환자, 남의 종으로 살아야 했던 최하 계층의 천민, 남자에 비해 사회적 관심과 배려를 받지 못했던 한 여자. 이들이 가진 질병은 이들의 삶을 더 힘겹게 만들었습니다.

문제 많은 세상에서 문제 많은 삶을 살아가야 했던 사람들! 그런데 예수님이 이들의 삶속으로 들어오십니다. 절망의 바다에 빠져서 허우적거리는 모든 사람들에겐 예수님의 손이 필요합니다. 다양한 형편에서 다양한 동기로 예수님을 따르려고 나아온 사람들, 그들에게 어떤 삶의 변화가 있었으며, 또한 어떤 대가가 필요할까요?

1. 누가 예수님께 나아왔으며(2절), 그 사람이 처한 환경이 어떠했겠습니까? 예수님께 나아올 때 어떤 장벽이 있었을까요?

ESV

2 And behold, a leper came to him and knelt before him, saying, "Lord, if you will, you can make me clean." 3 And Jesus stretched out his hand and touched him, saying, "I will; be clean." And immediately his leprosy was cleansed. 4 And Jesus said to him, "See that you say nothing to anyone, but go, show yourself to the priest and offer the gift that Moses commanded, for a proof to them."

2. 예수님이 그를 어떻게 치료하시는지 자세히 묘사해 보시오(3절). 나병환자는 자신의 험한 상처에 직접 손을 대고 말씀하시며 고쳐주시는 예수님을 통해 무엇을 느꼈을까요? 당신의 인생에도 나병과 같이 썩고 내어놓기 힘든 아픔과 상처가 있습니까? 어려운 장벽을 이기고 예수님께 나아온 이후 그의 삶이 어떻게 바뀌었습니까(3~4절)?

*정결절차(4절) : 레위기 14장에 제시된 대로 나병이 나았음을 공식적으로 인정받는 절차.

3. 누가 무슨 이유로 예수님께 나아왔으며(5~6절), 그가 예수님께 나아올 때 어떤 인종적 사회적 장벽이 있었을까요?

4. 그는 예수님 앞에서 어떤 놀라운 고백을 합니까(8~9절)? 백부장의 종에 대한 사랑과 예수님에 대한 믿음이 어떠합니까? 자기 직업에서 믿음의 원리를 발견한 그의 고백에 대해 예수님의 반응은 어떠합니까(10~13절)? 그의 간구가 어떻게 이루어졌습니까(13절)?
당신에게는 상황을 뛰어넘는 믿음의 원리를 적용한 경험이 있습니까?

ESV

5 When he had entered Capernaum, a centurion came forward to him, appealing to him, 6 "Lord, my servant is lying paralyzed at home, suffering terribly." 7 And he said to him, "I will come and heal him." 8 But the centurion replied, "Lord, I am not worthy to have you come under my roof, but only say the word, and my servant will be healed. 9 For I too am a man under authority, with soldiers under me. And I say to one, 'Go,' and he goes, and to another, 'Come,' and he comes, and to my servant, 'Do this,' and he does it." 10 When Jesus heard this, he marveled and said to those who followed him, "Truly, I tell you, with no one in Israel4 have I found such faith. 11 I tell you, many will come from east and west and recline at table with Abraham, Isaac, and Jacob in the kingdom of heaven, 12 while the sons of the kingdom will be thrown into the outer darkness. In that place there will be weeping and gnashing of teeth." 13 And to the centurion Jesus said, "Go; let it be done for you as you have believed." And the servant was healed at that very moment.

5. 예수님께서 누구에게 갔으며, 그 형편이 어떠합니까(14, 16절)? 예수님과 만난 이들의 삶에 어떤 변화가 일어났습니까(15, 16절)? 선지자 이사야를 통해서 예언된 예수님은 어떤 분입니까(17절)?

6. 누가 무슨 이유로 예수님께 나아왔습니까(19, 21절)? 예수님께서 이들에게 각각 어떤 말씀을 하십니까(20, 22절)? 예수님의 화려한 기적만을 보고 잘못된 동기로 예수님께 인생을 걸어보려는 사람들이 있었습니다. 예수님은 어떤 분이며, 예수님을 따르려면 어떤 대가와 각오가 필요합니까?

14 And when Jesus entered Peter's house, he saw his mother-in-law lying sick with a fever. 15 He touched her hand, and the fever left her, and she rose and began to serve him. 16 That evening they brought to him many who were oppressed by demons, and he cast out the spirits with a word and healed all who were sick. 17 This was to fulfill what was spoken by the prophet Isaiah: "He took our illnesses and bore our diseases." 18 Now when Jesus saw a crowd around him, he gave orders to go over to the other side. 19 And a scribe came up and said to him, "Teacher, I will follow you wherever you go." 20 And Jesus said to him, "Foxes have holes, and birds of the air have nests, but the Son of Man has nowhere to lay his head." 21 Another of the disciples said to him, "Lord, let me first go and bury my father." 22 And Jesus said to him, "Follow me, and leave the dead to bury their own dead."

1. 예수님을 만난 당신에게 어떤 변화가 일어났습니까? 혹은 어떤 변화를 기대하십니까?

2. 예수님을 따르기 위해 당신이 치른 대가는 무엇입니까? 구체적으로 나눠봅시다.

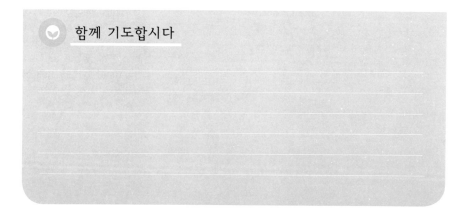

함께 기도합시다

죽은 자들이 그들의 죽은 자들을 장사하게 하고 너는 나를 따르라.

당시 예수님은 무리들이 따르고 싶은 마음이 들 정도로 충분한 매력이 있었습니다. 수많은 병자들을 고치는 그 놀라운 능력을 볼 때, 예수님이야말로 인생을 걸만한 분이라는 생각이 들었을 것입니다. 그러나 예수님은 그들에게 화려한 영광보다는 오히려 따름의 대가를 말씀하십니다. 먼저 가서 내 아버지를 장사하게 허락해 달라는 제자에게, 죽은 자들이 그들의 죽은 자들을 장사하게 하고 너는 나를 따르라고 하십니다. 따름의 대가로는 너무 혹독한 것이 아닐까요?

이 상황에 대해 많은 설명들이 있었습니다. 아버지가 돌아가셨기 때문에 당장 가서 장사를 치러야 하는 것인지, 아니면 아버지가 살아계시기 때문에 상당기간 아버지를 모시다가 나중에 아버지가 돌아가시면 그때 따르겠다는 것인지 정확히 알기 힘듭니다. 그러나 우리는 이 말씀을 통해, 예수님을 따른다는 것은 외적인 기쁨과 영광의 이면에 나의 가장 소중한 것까지도 기꺼이 내어놓는 결단이 필요하다는 것을 알게 됩니다. 예수님을 따르는 것은 그만한 가치가 있습니다.

우리에게는 계산적인 머리보다 헌신적인 발이 필요합니다. 예수님을 따르기 위해 대가를 치르는 사람은 그 대가와는 비교할 수 없는 새로운 인생의 지평이 열리는 것을 보게 될 것입니다. 한 번 밖에 없는 인생을 가장 가치 있게 사용하는 방법, 그것은 예수님께 나아와 예수님을 따르는 것입니다.

8과

죄인을 부르러 오신 예수님

● 마태복음 9:1~17(13)

너희는 가서 내가 긍휼을 원하고 제사를 원하지 아니하노라 하신 뜻이 무엇인지 배우라 나는 의인을 부르러 온 것이 아니요 죄인을 부르러 왔노라 하시니라

● 시작하는 이야기

'그냥 이대로 살 수는 없다. 새로워지고 싶다. 변화하고 싶다.' 모든 사람들이 이런 생각을 한 번쯤 품습니다. 그러나 이런 바람과는 달리 우리의 환경은 우리를 놓아주지 않습니다. 침대에 누워서 자기 힘으로는 조금도 움직일 수 없었던 중풍병자, 세관에 앉아서 사람들의 지탄을 받으면서도 자기 힘으로는 그곳을 박차고 일어날 수 없었던 마태, 변화의 동력을 잃어버린 채 주저앉아 살아가고 있던 이들에게 예수님이 오셨습니다. 그리고 새로운 삶이 시작되었습니다.

마비, 중독, 절망. 현대인들은 이런 창살 없는 감옥에 갇혀서 헤어나지 못하고 있습니다. 우리를 무겁게 짓누르는 죄의 부산물로부터 벗어나서 새로운 삶을 만들어 갈 계기, 그것은 죄 사함의 권세가 있을 뿐만 아니라 직접 죄인을 부르러 오신 분을 만날 때 시작됩니다.

1. 중풍병에 걸린 사람의 형편이 어떠합니까(2절)? 그를 예수님께 데려나온 사람들의 도움의 한계는 어디까지입니까? 그를 바라보는 사회지도층(서기관)의 태도는 어떠합니까(3절)?

2. 예수님께서는 무엇을 보시고 어떻게 고쳐주십니까(2~6절)? 이를 통해 예수님은 무엇을 드러내십니까(6절)? 침상에 누워 꼼짝할 수도 없었던 중풍병자의 삶이 바뀔 수 있었던 계기는 무엇이었습니까?

ESV

2 And behold, some people brought to him a paralytic, lying on a bed. And when Jesus saw their faith, he said to the paralytic, "Take heart, my son; your sins are forgiven." 3 And behold, some of the scribes said to themselves, "This man is blaspheming." 4 But Jesus, knowing1 their thoughts, said, "Why do you think evil in your hearts? 5 For which is easier, to say, 'Your sins are forgiven,' or to say, 'Rise and walk'? 6 But that you may know that the Son of Man has authority on earth to forgive sins" -he then said to the paralytic- "Rise, pick up your bed and go home.

3. 세관에 앉아 있는 마태의 형편이 어떠합니까(9절)? 그를 향한 사람들의 태도는 어떠합니까(11절)?

*세리: 로마통치하에 세금을 징수하던 유대인들. 이들은 죄인으로 취급받았다.

4. 예수님께서는 세관에 앉아 있는 마태를 어떻게 대하십니까(9~10절)? 당시 의인으로 여겨지던 바리새인들의 문제제기에 대해 예수님은 어떤 사실을 선포하십니까(12~13절)? 오늘날 어떤 점에서 우리의 삶이 세관에 앉은 마태와 비슷하며, 왜 예수님만이 삶의 희망이 될 수 있을까요?

ESV

9 As Jesus passed on from there, he saw a man called Matthew sitting at the tax booth, and he said to him, "Follow me." And he rose and followed him. 10 And as Jesus2 reclined at table in the house, behold, many tax collectors and sinners came and were reclining with Jesus and his disciples. 11 And when the Pharisees saw this, they said to his disciples, "Why does your teacher eat with tax collectors and sinners?" 12 But when he heard it, he said, "Those who are well have no need of a physician, but those who are sick. 13 Go and learn what this means, 'I desire mercy, and not sacrifice.' For I came not to call the righteous, but sinners."

5. 요한의 제자들이 어떤 문제를 제기합니까(14절)? 이에 대해 예수님께서 말씀하신 세 가지 비유는 무엇입니까(15~17절)? 낡은 것과 새 것은 각각 무엇을 말하는 것일까요?

*요한: 예수님의 제자 요한이 아니라 세례 요한을 지칭한다.

1. 중풍병자와 세리 마태의 경우를 비교해 볼 때, 혹시 당신의 삶 속에도 스스로 바꿀 수 없는 마비되고 경직된 생활방식이 있습니까? 어떻게 해야 할까요?

2. 요한의 제자들의 경우와 비교해 볼 때, 혹시 당신의 생각 속에도 좀처럼 깨어지지 않는 옛 사고방식이 있습니까? 어떻게 해야 할까요?

함께 기도합시다

마비:

[의학] 신경이나 근육이 형태의 변화 없이 기능을 잃어버리는 상태.

겉으로 볼 때는 멀쩡하지만, 실제로는 제 기능을 감당하지 못하는 상태를 마비라고 합니다. 중풍병자는 자기 혼자서는 움직일 수가 없었습니다. 육체적 마비환자였습니다. 마태는 사람들의 따가운 시선을 받으면서도 자기 스스로 세리의 삶을 청산할 힘이 없어 그날도 세관에 앉아있었습니다. 사회적 마비환자였습니다. 세례요한의 제자들은 율법적인 옛 사고방식으로부터 벗어나지 못했습니다. 의식적 마비환자였습니다.

사람들은 모두 마비환자입니다. 특히 죄에 대해 마비된 환자입니다. 겉으로는 멀쩡한데, 속은 제 기능을 하지 못합니다. 예수님을 만난 사람들은 얽히고 맺히고 마비된 부분들이 풀어졌습니다. 왜냐하면 예수님만이 제대로 된 처방을 내릴 수 있는 유일한 의사이기 때문이다(12절).

마비된 부분은 풀어주어야 합니다. 그래야 제 기능이 회복됩니다. 그러나 마비환자는 스스로 자신의 몸을 회복시키지 못합니다. 예수님을 만날 때, 죽어있던 내 삶의 마비영역이 풀어집니다. 역동적 활기가 회복됩니다. 예수님은 우리 인생의 전문의이십니다.

제자의 삶

● 마태복음 10:1~23(16)

보라 내가 너희를 보냄이 양을 이리 가운데로 보냄과 같도다
그러므로 너희는 뱀 같이 지혜롭고 비둘기 같이 순결하라

● 시작하는 이야기

선택, 선발, 선출. 어떤 목적을 위해 특별히 부름 받는 것
은 큰 기쁨이요 영광입니다. 더군다나 그 부르신 분이 하나
님이라면 그야말로 가문의 영광이 아닐 수 없습니다.

사실 하나님께서는 자신의 취향에 맞게 세상을 일시에 바
꿔버릴 수 있는 능력이 있습니다. 그러나 창세기 1장의 천
지창조를 제외하면, 하나님께서는 항상 사람을 부르시고
사람을 통해 일하셨습니다. 성경은 그 부름 받은 사람들의
연결 역사입니다. 이 땅에 오신 예수님 역시 열두 제자를
부르셨습니다. 그들을 훈련시켰고 그들에게 모든 사명을
맡기시고 승천하셨습니다.

이 시대에도 하나님께서는 소수의 사람들을 부르셔서 다
수의 사람들을 향한 사명을 맡기십니다. 지금 이 자리에 함
께 있는 당신은 하나님으로부터 이미 부름 받은, 선택된 사
람입니다. 오늘 공부는 제자로 선택된 사람들에게 주신 예
수님의 말씀입니다. 그렇기 때문에 우리는, 같이 부름 받은
동역자들과 함께, 오늘 말씀을 주의 깊게 살펴볼 필요가 있
습니다.

말씀의 자리

1. 예수님께서 열두 제자를 부르십니다(1절). 그들의 이름을 살펴보고, 그 중 잘 아는 사람이 있다면 자세히 말해보시오(2~4절). 제자들의 다양한 배경과 다양한 성격을 고려해볼때, 당신과 가장 비슷한 제자는 누구입니까?

2. 예수님께서 열두 제자를 보내십니다(5절). 파송 받은 이들의 우선순위(5~6절), 전파할 내용(7절), 받은 권능(8절)은 무엇입니까? 그들의 받은 행동 지침은 무엇입니까(9~15절)? 왜 그런 지침이 필요했을까요?

ESV

1 And he called to him his twelve disciples and gave them authority over unclean spirits, to cast them out, and to heal every disease and every affliction. 2 The names of the twelve apostles are these: first, Simon, who is called Peter, and Andrew his brother; James the son of Zebedee, and John his brother; 3 Philip and Bartholomew; Thomas and Matthew the tax collector; James the son of Alphaeus, and Thaddaeus; 4 Simon the Zealot, and Judas Iscariot, who betrayed him. 5 These twelve Jesus sent out, instructing them, "Go nowhere among the Gentiles and enter no town of the Samaritans, 6 but go rather to the lost sheep of the house of Israel. 7 And proclaim as you go, saying, 'The kingdom of heaven is at hand.' 8 Heal the sick, raise the dead, cleanse lepers, cast out demons. You received without paying; give without pay. 9 Acquire no gold or silver or copper for your belts, 10 no bag for your journey, or two tunics or sandals or a staff, for the laborer deserves his food. 11 And whatever town or village you enter, find out who is worthy in it and stay there until you depart. 12 As you enter the house, greet it. 13 And if the house is worthy, let your peace come upon it, but if it is not worthy, let your peace return to you. 14 And if anyone will not receive you or listen to your words, shake off the dust from your feet when you leave that house or town. 15 Truly, I say to you, it will be more bearable on the day of judgment for the land of Sodom and Gomorrah than for that town.

3. 보냄 받은 제자들이 가야 할 곳은 어떤 곳입니까(16절)? 제자들에게 필요한 두 가지를 말해보시오(16절). 제자로 부름 받은 당신의 삶에는 이 두 가지가 균형을 이루고 있습니까?

4. 제자들은 권력자들에게 어떤 고난을 당하게 되며 (17~18절), 그 속에서도 어떤 도움을 받게 됩니까(19~20절)? 이 시대에도 복음 때문에 고난을 당하며 사는 참 제자들을 본 적이 있습니까?

ESV

16 "Behold, I am sending you out as sheep in the midst of wolves, so be wise as serpents and innocent as doves. 17 Beware of men, for they will deliver you over to courts and flog you in their synagogues, 18 and you will be dragged before governors and kings for my sake, to bear witness before them and the Gentiles. 19 When they deliver you over, do not be anxious how you are to speak or what you are to say, for what you are to say will be given to you in that hour. 20 For it is not you who speak, but the Spirit of your Father speaking through you.

5. 제자들은 가정과 사회에서 어떤 고난을 당하게 되며 (21~22절), 그 속에서도 어떤 소망을 갖게 됩니까(22~23 절)? 당신은 복음 때문에 가정이나 사회에서 불편함을 감수 하거나 고난을 당한 적이 있습니까?

ESV

21 Brother will deliver brother over to death, and the father his child, and children will rise against parents and have them put to death, 22 and you will be hated by all for my name's sake. But the one who endures to the end will be saved. 23 When they persecute you in one town, flee to the next, for truly, I say to you, you will not have gone through all the towns of Israel before the Son of Man comes.

1. 예수님의 제자로 살아갈 때 당신의 인생에 어떤 고난이 예상됩니까? 그럼에도 불구하고 당신은 예수님의 제자로 살 각오가 되어 있습니까?

2. 예수님의 제자로서 당신이 지금 나아가야 할 곳은 어디입니까?

● **함께 기도합시다**

부르심과 보내심

부름과 보냄은 한 세트입니다. 부름이 있으면 보냄이 있습니다. 부름에는 목적이 있기 때문입니다. 예수님은 제자들을 부르셨습니다. 그리고 그들을 파송하셨습니다. 제자들은 이스라엘 땅을 두루 다니며 복음을 전하는 사명을 감당했습니다.

이 시대에 우리 역시 제자로 선택된 사람들입니다. 따라서 우리 역시 파송되어야 할 사람들입니다. 가정, 학과, 직장 등 파송될 장소는 각각 다르지만, 우리는 모두 부름의 목적에 맞게 우리의 생활 현장으로 나아가야 할 사람들입니다.

이렇듯 제자의 삶은 부르심과 보내심이 균형을 이루어야 합니다. 부름 받은 사람은 보냄 받아야 합니다. 소명은 사명으로 연결되어야 합니다. 우리가 보냄 받은 현장에는 많은 고난이 우리를 기다리고 있습니다. 그럼에도 불구하고 그곳으로 가는 이유는 우리가 보냄을 위해 부름 받은 사람들이기 때문입니다. 제자는 부름 받은 사람만을 말하는 것이 아니라, 보냄 받을 사람을 말합니다. 이미 제자로 부름 받았다면, 이제 제자로 보냄 받기를 바랍니다.

10과

나는 자비를 원하고
제사를 원하지 아니하노라

● 마태복음 12:1~21(7)

나는 자비를 원하고 제사를 원하지 아니하노라 하신 뜻을 너희가 알았더라면 무죄한 자를 정죄하지 아니하였으리라

안식일에 바리새인들이 교묘한 방법으로 예수님을 공격합니다. 그들의 공격의 이면에는 율법준수에 대한 강한 의지가 들어있습니다. 철저히 율법을 지키는 것이 하나님을 섬기는 것인 줄 알았지만, 정작 그것은 자기 열심일 뿐 하나님의 마음과는 동떨어진 것이었습니다.

우리는 때로 내용 없는 형식, 타성에 젖은 습관적 행동으로 인해 하나님의 마음을 제대로 알지 못하고 살아가는 형식적 종교인으로 전락하기 쉽습니다. 하나님의 마음이 무엇인지 잊어버린 형식적 종교인은 사회의 비난과 조롱의 대상이 됩니다.

하나님이 진정으로 원하시는 것이 무엇인지 오늘 말씀을 통해 깊이 살펴볼 수 있기를 바랍니다.

1. 안식일에 바리새인들이 예수님께 어떤 문제를 제기합니까(1~2절)? 이에 대해 예수님께서는 어떤 예를 말씀하십니까(3~5절)?

2. 예수님께서는 결국 어떤 원리를 말씀해주십니까(6~8절)? 바리새인들과 예수님의 생각이 어떤 점에서 대조됩니까(7절)?

ESV

1 At that time Jesus went through the grainfields on the Sabbath. His disciples were hungry, and they began to pluck heads of grain and to eat. 2 But when the Pharisees saw it, they said to him, "Look, your disciples are doing what is not lawful to do on the Sabbath." 3 He said to them, "Have you not read what David did when he was hungry, and those who were with him: 4 how he entered the house of God and ate the bread of the Presence, which it was not lawful for him to eat nor for those who were with him, but only for the priests? 5 Or have you not read in the Law how on the Sabbath the priests in the temple profane the Sabbath and are guiltless? 6 I tell you, something greater than the temple is here. 7 And if you had known what this means, 'I desire mercy, and not sacrifice,' you would not have condemned the guiltless. 8 For the Son of Man is lord of the Sabbath."

3. 안식일에 회당에서 사람들이 누구를 이용하여 어떤 질문을 합니까(9~10절)? 이것이 왜 곤란한 질문이 됩니까?

ESV

9 He went on from there and entered their synagogue. 10 And a man was there with a withered hand. And they asked him, "Is it lawful to heal on the Sabbath?"-so that they might accuse him. 11 He said to them, "Which one of you who has a sheep, if it falls into a pit on the Sabbath, will not take hold of it and lift it out? 12 Of how much more value is a man than a sheep! So it is lawful to do good on the Sabbath." 13 Then he said to the man, "Stretch out your hand." And the man stretched it out, and it was restored, healthy like the other. 14 But the Pharisees went out and conspired against him, how to destroy him.

4. 이 문제 앞에서, 한쪽 손 마른 사람을 바라보는 예수님의 마음은 어떠하며(11~12절), 행동은 어떠합니까(13절)? 바리새인들의 마음은 어떠합니까(14)?

5. 사랑의 본질은 낭만이 아니라 헌신입니다. 자신의 목숨이 위태로워지면서까지 사랑을 베푸시는 예수님의 모습이 어떻게 예언되어 있습니까(18~21절)? 당신은 그런 사랑을 베풀거나 혹은 받은 적이 있습니까?

*이사야 42:1~4 참조

18 "Behold, my servant whom I have chosen, my beloved with whom my soul is well pleased. I will put my Spirit upon him, and he will proclaim justice to the Gentiles. 19 He will not quarrel or cry aloud, nor will anyone hear his voice in the streets; 20 a bruised reed he will not break, and a smoldering wick he will not quench, until he brings justice to victory; 21 and in his name the Gentiles will hope."

1. 왜 하나님을 잘 섬기려고 했던 바리새인들이 정죄와 판단이라는 함정에 빠지게
되었을까요? 하나님께서 진실로 우리에게 바라시는 마음은 무엇일까요?

2. 당신은 하나님을 섬긴다는 형식에 얽매여 사람들에 대한 사랑의 마음을 놓쳐버
린 적은 없습니까? 예수님의 말씀과 행동 중에서 특히 당신에게 인상 깊은 부분은
어디입니까?

💟 함께 기도합시다

예수님과 바리새인

'나는 자비를 원하고 제사를 원하지 아니하노라.' 이 말씀 속에 예수님과 바리새인의 엇갈린 모습이 담겨 있습니다. 바리새인들은 제사라는 형식을 추구한 반면, 예수님은 무죄한 사람들을 정죄하는 그들의 무자비함을 지적했습니다. 하나님을 만족시키기 위해 대단한 열심을 발휘했지만, 그것이 하나님의 의도가 아님을 알지 못했습니다.

바리새인은 '구별된 사람들'이라는 의미를 가지고 있습니다. 예수님 당시 약 6,000명 정도로 추산되던 바리새인은 그 이름처럼 구별된 삶을 목표로 율법준수를 철저히 하고자 했습니다. 그래서 그들은 세리와 죄인들을 멀리했고 정죄했습니다. 방향은 좋았지만 방법이 잘못되었습니다. 형식을 추구하던 그들은 내용을 잃어버렸습니다. 결국 그들은 사랑 없는 무자비한 경건을 추구하게 되고, 이는 예수님의 가르침과 정면으로 충돌합니다.

바리새인이 사용한 방법은 구별이었기 때문에 그들은 죄인을 정죄하고 멀리했습니다. 그러나 이 땅에 오신 예수님의 방법은 자신이 죄인의 위치로 내려가 함께하는 것이었습니다. 이것이 바로 하나님의 방법입니다. 자비를 포기하고 제사에만 집중하려는 내 안의 바리새주의는 예수님의 생명까지도 내어놓는 그 사랑 앞에서 다시 한 번 수정되어야 합니다.

씨 뿌리는 비유

● 마태복음 13:1~23(16)

그러나 너희 눈은 봄으로, 너희 귀는 들음으로 복이 있도다

현대는 그 어느 때보다도 더 하나님의 말씀을 쉽게 많이 자주 접할 수 있는 시대입니다. 어디서든 손쉽게 성경을 살 수 있고, 성경을 쉽게 풀어서 설명해 주는 책들도 넘쳐납니다. 그렇지만 이런 많은 정보에도 불구하고 사람들의 삶에는 오히려 말씀의 열매가 잘 나타나지 않습니다. 뭔가 문제가 있습니다.

문제에는 반드시 원인이 있습니다. 예수님께서는 이미 씨 뿌리는 비유를 통해 그 원인을 정확히 진단하셨습니다. 뿌려지는 말씀의 분량이 문제가 아니라, 받아들이는 눈과 귀가 닫혀 있기 때문에, 그리고 씨앗이 떨어진 밭이 문제가 있기 때문에 결실이 잘 이뤄지지 않는다는 것입니다.

신앙생활의 경력이 쌓이고 직분을 맡아도 여전히 삶에 열매가 없습니까? 달이 바뀌고 해가 바뀌어도 별로 변화가 없습니까? 그렇다면 오늘 말씀을 통해 우리의 모습을 깊이 살펴보고, 새로운 변화의 계기를 만들 수 있기를 바랍니다.

1. 본문의 상황과 풍경을 설명해 보시오(1~3절). 예수님이 하신 비유의 말씀을 당신의 말로 재연해보시오(3~9절).

2. 네 가지 밭에 똑같이 씨앗이 떨어졌습니다. 그런데 결과는 각각 어떠합니까?

ESV

1 That same day Jesus went out of the house and sat beside the sea. 2 And great crowds gathered about him, so that he got into a boat and sat down. And the whole crowd stood on the beach. 3 And he told them many things in parables, saying: "A sower went out to sow. 4 And as he sowed, some seeds fell along the path, and the birds came and devoured them. 5 Other seeds fell on rocky ground, where they did not have much soil, and immediately they sprang up, since they had no depth of soil, 6 but when the sun rose they were scorched. And since they had no root, they withered away. 7 Other seeds fell among thorns, and the thorns grew up and choked them. 8 Other seeds fell on good soil and produced grain, some a hundredfold, some sixty, some thirty. 9 He who has ears, let him hear."

3. 예수님께서는 그들에게 왜 비유로 말씀하셨습니까 (10~13절)? 이사야의 예언의 내용이 무엇입니까(14~15 절)?

*이사야 6:6,10 참조

4. 눈과 귀는 무엇인가를 받아들이는 입력기관입니다. 닫혀 있는 눈과 막혀있는 귀로는 아무리 많은 말씀의 씨앗이 뿌려져도 그것을 받아들일 수가 없습니다. 그러므로 진정으로 복된 사람은 누구입니까(16절)? 우리가 왜 구약시대의 많은 선지자들보다 더 복됩니까(17절)?

ESV

10 Then the disciples came and said to him, "Why do you speak to them in parables?" 11 And he answered them, "To you it has been given to know the secrets of the kingdom of heaven, but to them it has not been given. 12 For to the one who has, more will be given, and he will have an abundance, but from the one who has not, even what he has will be taken away. 13 This is why I speak to them in parables, because seeing they do not see, and hearing they do not hear, nor do they understand. 14 Indeed, in their case the prophecy of Isaiah is fulfilled that says: "'"You will indeed hear but never understand, and you will indeed see but never perceive." 15 For this people's heart has grown dull, and with their ears they can barely hear, and their eyes they have closed, lest they should see with their eyes and hear with their ears and understand with their heart and turn, and I would heal them.' 16 But blessed are your eyes, for they see, and your ears, for they hear. 17 For truly, I say to you, many prophets and righteous people longed to see what you see, and did not see it, and to hear what you hear, and did not hear it.

5. 씨 뿌리는 비유의 구체적인 내용을 살펴보시오(19~23절). 길 가, 돌밭, 가시떨기에 뿌려진 것은 각각 받아들임(수용성)의 입장에서 어떤 문제가 있습니까(19~22절)? 당신의 마음은 그 중 어느 것에 가깝습니까?

6. 좋은 땅은 왜 결실하게 되었으며 그 결과가 어떠합니까(23)? 말씀을 듣고 깨닫는 사람은 결국 그 인생이 어떻게 되겠습니까?

1. 말씀을 들을 때 당신의 태도는 대체로 어떠합니까? 당신의 눈과 귀는 말씀 앞에서 수용적입니까 아니면 비판적입니까?

2. 말씀이 당신의 마음에 뿌려져 열매 맺도록 하기 위해서, 당신이 바꾸어야 할 점은 무엇입니까?

● 함께 기도합시다

너희 눈은 봄으로, 너희 귀는 들음으로 복이 있도다.

'힘' 하면 삼손이 떠오르듯이, '지혜' 하면 솔로몬이 떠오릅니다. 하나님께서 솔로몬에게 '내가 너에게 무엇을 줄까 너는 네게 구하라'고 했을 때, 그는 지혜를 구했습니다. 그런데 그가 구한 지혜는 히브리어로 '레브 쇼메아'라는 것입니다. 직역하자면 '듣는 마음'입니다. 우리가 일반적으로 생각하는 지혜와는 상당히 다른 의미입니다. 솔로몬은 그의 백성들을 재판하고 다스림에 있어서 그들의 상황을 잘 경청하고 이해하는 능력을 구한 것입니다.

하나님의 말씀을 잘 듣고, 백성들의 말을 경청했던 통치 초기, 그는 위대한 왕으로 알려지게 됩니다. 그러나 귀가 둔해져서 듣지 않고 오히려 정략결혼 한 이방인 왕비들의 말을 따르게 되면서 하나님의 길에서 멀어지게 됩니다.

입력체계가 제대로 되어 있지 않으면 출력이 제대로 될 리가 없습니다. 하나님의 말씀을 듣고 받아들이는 것, 그것이 성장의 첫 단계요 핵심입니다. 맛있는 음식이 아무리 많이 있어도 먹지 않으면 육체가 제대로 성장할 수 없듯이, 하나님의 말씀 앞에서 그 말씀을 재단하고 꺼리는 영적 거식증은 우리의 삶을 메마르게 할 것입니다.

말씀을 가까이 했던 바리새인들과 그 시대의 종교인들은 정작 하나님의 말씀을 제대로 듣지 않았습니다. 그리고 그들의 삶에는 말씀의 열매들이 나타나지 않았습니다.

하나님의 말씀을 듣고 깨닫는 사람이 복이 있습니다.

12과

죽이는 왕과 살리는 왕

● 마태복음 14:1~21(16)

예수께서 이르시되 갈 것 없다 너희가 먹을 것을 주라

시대마다 좋은 리더들이 있고 나쁜 리더들이 있습니다. 그리고 그들에 의해 그 시대의 모습은 좋아지기도 하고 힘들어지기도 합니다. 오늘 말씀에는 헤롯 왕과 예수님이 대조되어 등장합니다. 헤롯 왕은 백성들을 억압하는 악독한 군주였습니다. 그는 부정을 저질렀고, 이에 대해 지적하는 반대 언론을 탄압했으며, 서민들이 굶주리며 눈물 흘릴 때 궁궐에서 호화잔치를 벌였습니다.

정의가 질식되고 참 리더가 사라진 시대, 예수님은 제자들을 데리고 빈 들로 갔습니다. 그곳에서 불쌍한 무리들을 고치고 먹이셨습니다.

오늘 말씀을 통해 우리는 예수님이 어떤 분이신지 살펴보고, 이 시대에 우리는 어떤 리더로 성장해 가야 할 것인지를 배워야겠습니다.

1. 분봉 왕 헤롯이 왜 두려워합니까(1~2절)? 그가 세례 요한을 잡아 가둔 이유는 무엇이었습니까(3~4절)?

*분봉 왕: 로마제국 내에서 작은 일정 지역을 맡아 다스리던 군주.

2. 헤롯이 처음에 왜 요한을 죽이지 못합니까(5절)? 그런데 왜 그를 죽이게 됩니까(6~11절)? 그 시대에 세례 요한은 어떤 리더였으며, 헤롯은 어떤 왕이라고 생각합니까?

ESV

1 At that time Herod the tetrarch heard about the fame of Jesus, 2 and he said to his servants, "This is John the Baptist. He has been raised from the dead; that is why these miraculous powers are at work in him." 3 For Herod had seized John and bound him and put him in prison for the sake of Herodias, his brother Philip's wife, 4 because John had been saying to him, "It is not lawful for you to have her." 5 And though he wanted to put him to death, he feared the people, because they held him to be a prophet. 6 But when Herod's birthday came, the daughter of Herodias danced before the company and pleased Herod, 7 so that he promised with an oath to give her whatever she might ask. 8 Prompted by her mother, she said, "Give me the head of John the Baptist here on a platter." 9 And the king was sorry, but because of his oaths and his guests he commanded it to be given. 10 He sent and had John beheaded in the prison, 11 and his head was brought on a platter and given to the girl, and she brought it to her mother.

3. 헤롯 치하에서 당시 사람들의 형편은 어떠했으며 예수님은 그들을 어떻게 대하십니까(13~14절)?

4. 저녁이 되었을 때 어떤 문제가 발생했으며, 이를 해결하기 위한 제자들과 예수님의 방법은 어떻게 다릅니까(15~17절, 요6:5~9)? 이를 통해 볼 때, 무리를 향한 제자들과 예수님의 마음은 각각 어떤 것 같습니까?

ESV

13 Now when Jesus heard this, he withdrew from there in a boat to a desolate place by himself. But when the crowds heard it, they followed him on foot from the towns. 14 When he went ashore he saw a great crowd, and he had compassion on them and healed their sick. 15 Now when it was evening, the disciples came to him and said, "This is a desolate place, and the day is now over; send the crowds away to go into the villages and buy food for themselves." 16 But Jesus said, "They need not go away; you give them something to eat." 17 They said to him, "We have only five loaves here and two fish."

5. 예수님께서 결국 어떻게 무리들을 먹이십니까(18~19절)? 얼마나 풍성하게 먹였습니까(20~21절)? 이를 통해 볼 때, 예수님은 어떤 분입니까(20:28, 요6:35)?

6. 두 왕, 헤롯과 예수님이 어떻게 대조됩니까? 당신은 예수님으로부터 무엇을 배울 수 있습니까?

1. 성장하면서 우리는 모두 선배가 되고 부모가 되는 것처럼 그 누군가의 리더가 됩니다. 오늘 말씀을 생각해 볼 때, 당신은 어떤 리더가 되고 싶습니까?

2. 빈 들과 같은 캠퍼스의 수많은 학생들을 바라보면서 예수님께서 당신에게 원하시는 것은 무엇일까요?

함께 기도합시다

헤롯과 예수님

성경에는 헤롯이라는 이름이 많이 등장합니다. 헤롯 가문은 기원 전후로 유대와 갈릴리 지역을 다스렸던 왕가였습니다. 이 가문은 유대의 총독이었던 안티파터라는 인물로 처음 시작됩니다. 안티파터는 로마의 시이저에 의해 유대 총독으로 임명된 자였습니다. 그의 뒤를 이은 아들, 헤롯 대왕(Herod the Great)은 대제사장을 자기 마음대로 임명했고, 아내와 장모, 그리고 심지어는 자기의 세 아들까지 포함하여 수많은 사람들을 죽였습니다. 그리고 무엇보다 아기 예수를 죽이기 위해 유아들을 학살하는 만행을 저질렀습니다. 그의 사후, 영토는 세 부분으로 분할되어 그의 또 다른 세 아들이 차지하였습니다. 그 중 한 명이 헤롯 안디바인데, 그는 이복형제의 아내인 헤로디아와 결혼했으며, 세례요한을 죽였습니다. 그는 또한 예수님이 십자가에 못 박히기 전 재판과정에서 예수님을 희롱했습니다(눅23:11). 그 이후 사도행전에 등장하는 헤롯 아그립바 1세는 헤로디아의 오빠이며 헤롯 대왕의 손자로서, 사도 야고보를 죽였고 베드로를 투옥한 인물입니다. 그의 아들 헤롯 아그립바 2세는 헤롯가(家)의 마지막 왕으로서 바울의 재판에 참여한 바가 있습니다.

이처럼 헤롯 가문은 오랜 기간 동안 예수님과 사도들을 핍박했습니다. 로마의 힘을 빌려 권력을 유지하면서 복음의 대적이요 백성들의 탄압자가 되었습니다. 그럼에도 불구하고, 헤롯 가문은 멸망해도 참 왕이신 예수님은 제자들이 전파한 복음을 통해서 널리 전해져서 수많은 생명을 살리셨습니다.

헤롯은 백성에게 탈취했지만, 예수님은 자신을 나눠주셨습니다. 헤롯은 자기 이익을 위해 사람들을 죽였지만, 예수님은 생명을 버리면서까지 사람들을 살리셨습니다. 헤롯가문과 예수님은 그 시대의 대조적인 두 리더의 모습을 보여줍니다. 당신은 어떤 길을 걷고 싶습니까?

MEMO

MEMO

MEMO

ESP(기독대학인회 출판부)는 다음과 같은 마음을 품고
기도하면서 일하고 있습니다.

첫째, 청년 대학생은 이 시대의 희망입니다.
둘째, 하나님의 말씀인 성경을 사랑합니다.
셋째, 문서사역을 통하여 성경적 세계관을 정립해 나갑니다.
넷째, 문서선교를 통하여 총체적 선교에 도움을 주고자 합니다.